*Frontispice*

Foutre Libre ou Mourir

LE CALANDRIER

DES

3 SEXES

La crainte est la digue des sots;
Lorsque l'on sait tout foutre on se fout des propos

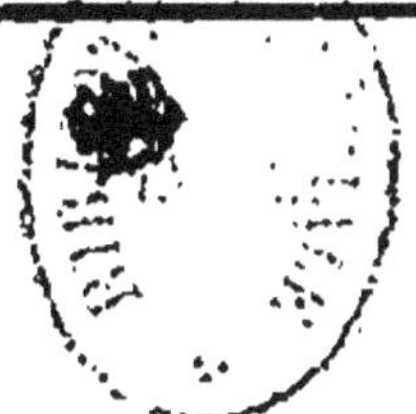

# ÉTRENNES
# AUX FOUTEURS,
## OU
# LE CALENDRIER
# DES TROIS SEXES.

Orné de jolies Figures en taille-douce.

A SODOME ET A CYTHERE,

Et ſe trouvent plus qu'ailleurs, dans la poche
de ceux qui le condamnent.

---

1793.

# PRÉFACE.

DEPUIS qu'une autrichienne en ru,
A tout venant montre le cu;
Depuis qu'on plaça l'optimisme
Dans l'ovale humide & charnu
Qui produit notre méchanisme;
Depuis que le vit potentat
Du fier & fougueux despotisme,
Voulut foutre le tiers-état,
Et de son foutre scélérat
Inonder le patriotisme;
Depuis que nos représentans
Foutent par-tout bêtes & gens;
Depuis que la France est foutue
Par ses incestueux enfans,
Et par la pine corrompue
D'un étranger toujours bandant,
Qui, malgré son éloignement,

La fout encor mentalement,
On ne parle plus que de foutre ;
Chacun le seme, & chacun outre
La matiere du sentiment.
Mais par bonheur, dit la satyre ;
Qu'il s'en perd plus verbalement
Que du canal vivifiant,
Par lequel tout ce qui respire
Obtient la vie & le plaisir.

Auteurs, qui ne savez que dire ;
Occupez donc votre loisir
A disséquer chaque maniere
Où, par devant & par derriere,
Le mortel le plus vigoureux
S'épuise en épuisant ses feux.

Moi, convaincu, plus que personne
» Que, dans cet art charmant, la meilleure leçon
» C'est la nature qui la donne, »

Je condamne mon Apollon
A retracer dans le myſtere
Des faits récemment arrivés
Tant à Sodome qu'à Cythere.
On en lira de controuvés.

Ceux qui crieront à l'impoſture ;
Je leur dirai, d'un ton gaillard,
Que leur ſiecle eſt aſſez paillard
Pour offrir, plutôt que plus tard,
Ce qui fait naître leur murmure ;
Et mes détracteurs conviendront,
Qu'on ne mérite point d'affront,
Pour anticiper l'aventure.

---

p[ou]r jouir pendant l'espace
trente ou huit ans que
[illegible] [illegible] [illegible]
[illegible] [illegible] [illegible]
[illegible]

Les cinq Sens

o vous que le desir anime
Suivez tous croyez moi cet exemple
Sublime

# ETRENNES AUX FOUTEURS, OU LE CALENDRIER DES TROIS SEXES.

## LES CINQ SENS, OU LES TROIS GÉNÉRATIONS.

AIR : *Du ferin qui te fait envie.*

QUE fur moi l'on dife anathême,
Que le foutre des cardinaux,
Que celui du pape lui-même,
Et de tous les chrétiens dévots,
Soit autant d'eau-forte brûlante ;
Qu'un bénitier large & profond

En reçoive la masse ardente,
Et qu'on m'y plonge jusqu'au fond !

Que les couillons, par des tenailles
Un par un me soient arrachés !
Que de Paris jusqu'à Versailles
Tous mes boyaux soient alongés !
Oui, je souffrirai sans murmure
Ce martyre encore inoui,
Si l'on peut prouver l'imposture
Des faits que je retrace ici.

Je les tiens de fille ingénue
Qui, n'ayant encor que treize ans,
M'a dit avoir été foutue
Par un vieillard à cheveux blancs.
»Ce vieillard, dit-elle, est mon pere.
»Vous pâlissez à cet aveu !...
»Ecoutez, ajouta Glycere ;
»C'est beaucoup, mais c'est encor peu.

»Tandis que le bonhomme en nage
»Foutoit sa fille avec ardeur ;
»Tandis qu'à cet apprentissage
»Il façonnoit mon tendre cœur ;
»Mon jeune frere, par derriere,

»Branloit les couilles à papa :
»Ecoutez, ajouta Glycere,
»Ce n'est rien encor que cela.

»Car, tandis que mon jeune frere
»Chatouilloit, comme je l'ai dit,
»Les deux couillons de notre pere
»Qui me foutoit, Dieu soit béni,
»Survint à point notre grand'mere
»Qui, pour entrer à l'unisson,
»Branla, d'une dextre maniere,
»La pine à son petit garçon. «

-- J'allois m'exhaler en reproche ;
J'allois fuir cet être maudit ;
Mais soudain Glycere m'accroche
En disant : » je n'ai pas tout dit :
»Observez que notre grand'mere,
»En branlant son petit garçon,
»S'étoit retroussé le derriere,
»Et qu'un chien lui léchoit le con. «

# LE PERE

## COMME ILS DEVROIENT TOUS ETRE.

### CONTE.

GUILLOT foutoit un jour la gentille Glycere,
Et de façon, n'en doutez pas,
Qu'à la place de la bergere,
La hongroiſe Marie eût avoué tout bas,
Que dans ſes plus heureux combats,
Malgré le pouvoir arbitraire,
Qui ſiégoit alors dans ſes bras,
Jamais tant de plaiſir n'a flatté ſes appas.
Auſſi faut-il tout dire ; au printems de ſa vie,
Guillot avoit été ſoldat ;
Et lorſqu'on a ſervi l'état,
On poſſede, *ad unguem*, l'art de la *fouterie* :
*Item*, Guillot *foutoit* ;
Et c'étoit, dit l'hiſtoire, avec la fille à Pierre,
Qu'un beau jour, au ſecond, la ſcene ſe paſſoit.
Tandis qu'au fond de l'amoureux abyme,
Guillot plonge & replonge, & revient ſur la
cîme,

Pierre arrive au troisieme ; & le bruit qu'il
entend,
Fait qu'il ouvre tout doucement
La trappe d'un Judas, percé par son grand-
pere,
Et donnant, par hasard, sur le lit palpitant
Où le couple animé s'exerçoit ardemment.
Voilà Pierre saisi... de rage.... de colere....
Non.... du même transport dont Guillot haletoit.
Ne pouvant, comme lui, voyager à Cythere,
Le bonhomme se *branle*... & le moment heureux,
Où son gendre décharge avec sa ménagere,
Est choisi par Pierrot pour décharger sur eux.
Qu'un grand pénitencier, que la Sorbonne
entiere,
Condamne au châtiment cet acte débonnaire;
Moi, plus sensible & moins chrétien,
Je dirai, sans rougir, que le papa fit bien.
Oui, malgré cette loi, par qui le pauvre grille,
Et qui pardonne tout quand l'or vient au secours,
Je soutiendrai qu'un pere aura le droit toujours
De se branler le vit lorsque l'on fout sa fille.

# LE DANGER DE L'EXEMPLE

Air : *Gusman disoit à sa bergere.*

Dans vos propos & dans vos gestes,
Gardez-vous bien, foibles parens,
D'offrir des exemples funestes
A ceux que l'on dit vos enfans.
L'enfance à mal faire est encline,
Et si nous ne la reprenons,
L'âge bientôt l'indiscipline,
Et la rend sourde à nos leçons.

Apprenez par ma chansonnette,
Le danger d'exposer souvent,
Aux yeux de l'enfance inquiete,
Ce que la pudeur nous défend.
L'enfance est un singe en lisiere,
Un écho toujours surveillant ;
Elle fait ce qu'elle voit faire,
Et répete ce qu'elle entend.

Deux époux, contre l'ordinaire,

S'adore

S'adoroient comme deux amans ;
Sans cesse, occupés à se plaire,
Ils passoient les plus doux instans ;
Mais peu sages dans leurs caresses,
On eût pu les voir en tous tems
Se prendre tettons, pine & fesses,
En présence de leurs enfans.

Assez souvent, dame Lucette
Branloit le vit à son mari ;
Et le foutre sur une assiette
Etoit par elle recueilli :
Puis après, avec des mouillettes,
Elle étanchoit cette liqueur,
Et dévoroit jusques aux miettes,
D'un mets qui m'eût fait mal au cœur.

Autant de fois avec délice
Le mari la gamahuchoit.
Après ce louable exercice,
Il la foutoit & refoutoit.
De cette amoureuse licence
Leurs deux enfans étoient témoins :
Vous m'avouerez que la décence
Exigeoit un peu plus de soins.

L'un est garçon & l'autre fille.
Quand ils n'avoient que trois, quatre ans,
C'étoient-là des jeux de famille,
Qui leur sembloient indifférens ;
Mais on grandit, sans qu'on y pense ;
Et nature, insensiblement,
Ouvre bientôt l'intelligence
Avec la clef du sentiment.

Deux fois sept ans sont le partage
De la tendre & vive Zulmé.
Myrtil a presque le même âge,
Et ce couple est déja formé.
Déja Myrtil, avec ivresse,
Parcourt les appas de sa sœur ;
Elle répond à sa tendresse :
Tous deux respirent le bonheur.

Sein rondelet, pine longuette,
Foutre qui brûle de sortir,
Exemple qui souvent répete
La douce leçon du plaisir ;
Ma foi, n'en déplaise à l'usage,
Tout cela visoit droit au con :
Aussi, malgré le parentage,
Myrtil enfila tout de bon....

Myrtil enfila le passage
Où se forme le genre humain.
Zulmé partagea le voyage,
En dépit du *veto* romain.
On en porta plainte à Cythere.
Il y fut dit, sans trop jaser,
Que, puisqu'amour foutoit sa mere,
Frere & sœur pouvoient se baiser.

---

## LA BOUTEILLE MERVEILLEUSE.

### CONTE.

PERRONNELLE avoit pour époux
Un vieillard avare & jaloux;
Mais jaloux d'espece nouvelle,
Et si difficile entre nous,
Qu'on n'en pourroit trouver le parallele
Dans le *Poly-mundo* du savant Fontenelle.
Ceux même dont feu maître Jean (*)
A composé sa kyrielle,
Avoient l'esprit insouciant,
En raison du mari de dame Perronnelle.
Pour préserver son front tremblant,
Du léger mal d'aventure,
( Mal ordinaire aux épouseurs )
Force verrous, triple serrure,
Enfermoient, sous vingt clefs, l'objet de ses frayeurs.
Sans cesse il faisoit sentinelle.
Madame jamais ne sortoit;
Et Chrysante auprès d'elle en tout tems ne souffroit

(*) *La Fontaine.*

Qu'une vieille servante, une vraie haridelle;
Dont le con racorni, livide, desséché,
Par bêtes ni par gens, n'ayant été touché,
Jamais amadoué, ni flatté, ni léché,
Eût volontiers contraint à ce jeune barbare,
Ces gentils cons friands qui foutroient au Ténare,
Si l'on foutoit encor au séjour des démons.
Voilà donc les deux espions,
Qui, plus surveillans que Cerbere,
Et moins flexibles que Caron,
Faisoient de ce logis une étroite prison.
Réduite à se branler le con,
( Car son mari ne bandoit guere )
Elle maudissoit le barbon,
Plus encor la vieille mégere,
Tout en leur réservant un tour de sa façon.
Ah! qu'il connoissoit bien la malice femelle,
Les tours & les détours de ce sexe frippon,
Celui qui le premier a dit, en fin garçon,
» Qu'on a beau faire sentinelle
» Pour garder certaine toison;
» Un charmant & rusé jason,
» Avec l'aide de la donzelle,
» Et de maître expert Cupidon; ....
.... Mais abrégeons sur ce passage;

Et prouvons, comme a fait ce conteur facetieux,
Qu'une femme, fût-elle en cage,
Feroit cent fois cocu l'époux le plus malin.
J'ai déja dit que Perronnelle
En gardoit à ses deux argus.
Bientôt elle rendra tous leurs soins superflus.
Suivons donc pas à pas la belle,
Et parvenons au dénouement.
Certain soir (ne sait trop comment)
Après avoir, à l'insu de la vieille,
Et du barbon toujours rodant,
Rempli d'eau claire une bouteille,
Perronnelle, furtivement,
Introduisit, dans sa ruelle,
Certain blondin jeune & charmant,
Qu'elle adoroit secrettement,
Et qui, brûlant aussi pour elle,
Comme elle, n'aspiroit qu'à l'amoureux déduit
Tout cela disposé, Perronnelle se couche,
Et semble en un instant dormir comme une souche.
Observez que déja Chrysante étoit au lit.
Dort-il?... N'en croyez rien. Jamais il ne sommeille;
Mais il sera cocu, soit qu'il dorme ou qu'il veille

Perronnelle en effet tout à coup se réveille,
Feint un pressant besoin, se leve brusquement,
Et présente à Valère,
( C'étoit le nom de son amant )
Le plus poli, le plus joli derriere
Qui se soit jamais pris à la cour de Cythere.
Tous chemins vont à Rome ; aussi notre galant
A-t-il trouvé la bonne route ;
Et tout cela, sans que l'époux s'en doute :
Car tandis qu'en adroit fouteur,
Il marchoit lentement au séjour du bonheur,
La belle par degrés, dans le pot où l'on pisse,
Artistement épanchoit l'eau,
Qui remplissoit jusqu'au goulot
Le vase complaisant dont j'ai parlé plus haut.
Le bonhomme abusé par le travail propice,
De cette cascade factice,
Se contenta d'imaginer,
Que le seul besoin d'uriner,
Chez Perronnelle étoit extrême.
Quant au rival du vieux Grigou,
Il sortit, je ne sais par où,
Puisqu'il étoit entré de même.

# PARODIE

De.... Je suis simple, née au village.

*Même air.*

JE suis femme ; j'ai le con large ;
Par-dessus tout j'aime un gros vit ;
Car, monseigneur, pour un petit
Aussi-tôt qu'il bande, il décharge,
Et vous laisse sur l'appétit.

*Mineur.*

Une grosse pine, au contraire,
Banderoit-elle mollement,
Vous cause un doux chatouillement
Qui vous fait vibrer le derriere.
Quel plaisir ! Quel ravissement !

Je suis femme, &c.

*Le Char Voluptueux*

# LE CHAR VOLUPTUEUX,

## OU LE TEMS BIEN EMPLOYÉ.

AIR : *On compteroit les diamans.*

CERTAIN officier, certain jour,
Cheminoit à certain village,
( Mais cheminoit, comme à la cour,
C'est-à-dire, en leste équipage. )
Avec lui certaine beauté
Avoit entrepris le voyage.
Cu, con, tettons, tout est tâté ;
Mais jusqu'ici, pas davantage.

On arrive à certain réduit ;
Mais là s'offre plus d'un convive ;
Et partant, l'amoureux déduit
Voit éloigner sa perspective.
Enfin l'on part pour revenir ;
C'est ici qu'on attend la belle ;
Il faisoit nuit ; & le plaisir
Subjugue alors la plus rebelle.

Notez bien qu'avant le départ

Deux sœurs, de diverse portée,
La sœur cadette, d'une part,
Et de l'autre, la sœur aînée,
Avoient prié, tant le cocher
Que le laquais du militaire,
De vouloir tous deux les-grimper,
Tant par devant que par derriere.

De ces deux sœurs, n'en doutez pas,
L'une autant que l'autre est jolie;
Et vous sentez, qu'en pareil cas,
Gente femelle est accueillie.
Mais déja ce char amoureux
Roule sur la chaussée humide.
La lune en vain cache ses feux,
Amour, de son flambeau le guide.

De ce sixain rempli d'ardeur,
Admirez six fois l'avantage.
L'un foutoit dans l'intérieur,
L'autre derriere l'équipage.
Le cocher, vigoureux & dru,
Foutoit, aussi fier qu'Annibale.
L'attelage eût, je crois, foutu,
S'il n'eût pas manqué de cavale.

# PANÉGYRIQUE DU FOUTRE.

## PARODIE.

AIR : *Le bon vin, suivant l'écriture.*

LA pine, selon l'écriture,
Du con fit toujours le bonheur.
Le foutre en est la nourriture ;
Sans foutre, ils tombent en langueur.
Ce jus dont la source est si pure,
A rendu maint vieillard fameux.
Mes chers amis, la chose est sûre,
Quand on en a, l'on n'est pas vieux.

Noé, ce patriarche insigne,
Nous prouva, quoique suranné,
Que par fois la vieillesse est digne
Du sourire de la beauté.
Car, en levant sa couverture,
Il fit voir un vit débordé......
Mes chers amis, la chose est sûre,
Sans foutre, il n'auroit pas bandé.

Loth, au milieu de sa famille,
Croyoit le genre humain rôti,
Dans ses yeux le foutre pétille,
Le bonhomme n'est pas transi.
Afin de repeupler la terre,
Tour-à-tour il fout ses enfans.
Mes chers amis, la chose est claire,
Sans foutre on ne fout pas les gens.

Le tems arrête sa faucille,
Pour contempler parmi les pots,
Un vieux fouteur que sa béquille
Conduit doublement à Paphos.
Il est surpris de l'aventure ;
Le vieillard est jeune à ses yeux.
Mes chers amis, la chose est sûre,
Lorsqu'on peut foutre, on n'est pas vieu

Vous en qui les glaces de l'âge
Ont tari ce jus lignager ;
Vous qui perdez le tendre usage
De bander & de décharger,
De cet irréparable outrage
Consolez-vous avec Bacchus ;
C'est le vin seul qui dédommage
De la perte de l'autre jus.

L'ENFA

# L'ENFANT QUI FOUT SA MERE,

## OU L'INCESTE A LA MODE.

AIR : *Damon, calmez votre colere.*

DE la tendresse la plus forte
Apamis brûloit pour son fils.
Du sentiment qui la transporte
Long-tems elle étouffa les cris ;
Mais d'amour quand un cœur s'enflamme
Il brave en vain sa passion.
Le foutre n'entend pas raison.
Pour rendre le calme à son ame,
» On fait ce qu'on peut,
» Mais non pas ce qu'on veut.

APAMIS compte en sa trentaine
Autant de charmes qu'à quinze ans,
Son fils en a quatorze à peine,
Amour lui cede en agrémens.
Notez qu'il a son pucelage.
Veillez de près, tendre maman,
Car vous savez que, trop souvent,

Pour saisir cet oiseau volage ;
» On fait ce qu'on peut,
» Mais non pas ce qu'on veut.

Aussi fit-elle, & je l'approuve ;
Mais pendant qu'au sein du bonheur,
La sensible Apamis éprouve
Tout ce qu'amour a de douceur,
Le mari rentre & voit sa dame....
--- Papa, calmez votre courroux ;
Pour appaiser un feu si doux,
Vous savez que, quand on est femme,
» On fait ce qu'on peut,
» Et non pas ce qu'on veut.

# L'IMBÉCILLE CORRIGÉ.

## CONTE.

UN jour, pour s'amuſer, Nicette,
S'étoit pris un doigt dans le con.
Ce doigt imitoit la navette,
( On en ſent aſſez la raiſon. )
Nice croyoit être ſeulette ;
Et certaine démangeaiſon,
Avoit décidé la pauvrette
A cette innocente action.

Dans un coin de la maiſonnette
Etoit tapi le gros Colas ;
Il adoroit la bergerette,
Et ſe branloit à tour de bras.
( Obſervons à monſieur Colas, )
Que ſe branler en pareil cas,
Eſt, aux yeux même des prélats,
Un crime de leze-amourette.

Quand une fille, en chemiſette,
Offre à nos regards ſes appas,
A demi nus ſur ſa couchette,

Je conviendrai que le cœur bat ;
Mais, en voyant dans cet état,
Le champion propre au combat,
Et plus charmé de la défaite
Que d'une victoire complette
Qu'il obtiendroit avec éclat,
C'est être vil autant que plat,
De rester dix pas en arriere,
D'encourager, de bander tout bas,
De décharger comme un Colas,
Plutôt que de brusquer l'affaire
Et de braver un adversaire,
Qui, dans sa bouillante ardeur,
Voudroit couronner son vainqueur.
Fi ! se branler, pouvant mieux faire ;
Ah ! la sottise est trop grossiere !
Va, butor, tu t'en souviendras.

En effet le pere à Nicette
Qui, dit-on, se nommoit Lucas,
Pas à pas monte à la chambrette
Où nos acteurs, à demi-las,
Tous les deux finissoient leur rôle.
Vite il saisit un échalas
Et vous fait descendre le drôle

Encore plus vîte que ça.
Quant à ſa fille, il la gronda.
» Mon enfant, lorſqu'on a ton âge ;
» Lui dit-il d'un ton radouci,
» Je ſens fort bien qu'un pucelage
» Picotte autant qu'une fourmi ;
» Mais une autre fois ſois plus ſage ;
» Tôt ou tard un mari viendra.
Vous croiriez qu'il en reſta là ;
Eh bien, non ; car l'hiſtoriette
Ajoute que le vieux Lucas,
Fit à la brûlante Nicette
Ce qu'auroit dû faire Colas.

---

## LA RÉSISTANCE AMOUREUSE.

J'AIME ! je ſuis aimé ! mon bonheur eſt parfait ;
Mon triomphe eſt certain, mon cœur eſt ſatisfait.
Qu'importe la grandeur ? qu'importe la richeſſe ?
Qu'eſt-ce auprès d'un baiſer reçu de ma maîtreſſe ?
Sa bouche me ſourit ; ſur ſon front rougiſſant
Je lis l'aveu d'un cœur qui deſire en tremblant ;
Qui réſiſte en cédant ; qui cede avec tendreſſe ;
Qui brûle dans mes bras, en cachant ſa foibleſſe ;
Qui d'un œil tout mouillé d'amour & de deſir,
Semble pleurer de honte en pleurant de plaiſir ;
Qui d'un bras amoureux me repouſſe avec peine,
Et de l'autre auſſi-tôt me retient & m'enchaîne
Et qui couvrant mon front d'un timide baiſer
En ſe pâmant encor me dit de la laiſſer.
Rois ! vous qu'on nomme heureux, je vous vois ſans envie :
Un trône eſt moins pour moi que le ſein de Sylvie.
J'aime ! je ſuis aimé, mon bonheur eſt parfait
Mon triomphe eſt certain, mon cœur eſt ſatisfait.

# LA FILLE MALHEUREUSE.

## PARODIE DE L'ARIETTE
## Comment goûter quelque repos ?

AIR : *C'est ce qui me désole.*

COMMENT goûter quelque repos ?
Déja quinze ans font mon partage.
J'ai le con propre au mariage ;
Et nul vit n'appaise mes maux.
Hélas ! dans cet âge prospere,
Qui semble fait pour les plaisirs,
Je ne connois que les desirs ;
Ici l'on ne fout que ma mere.

Un amant tendre & plein d'appas,
Calmeroit ma peine cruelle.
Dieux ! quel plaisir pour Isabelle
De décharger entre ses bras !
Sa pine, aussi longue que dure,
Réaliseroit mon bonheur ;
Mais, dans ce séjour de douleur,
Il n'est même pas en peinture.

Si, pour dissiper mon chagrin,
Il contemple le voisinage,
Alors des pines de passage,
Agitent de nouveau mon sein.
Faut-il, ô désespoir extrême,
Que je me serve de mes doigts ;
Tandis qu'un des vits que je vois,
Feroit si bien tout ce que j'aime !

A l'aspect du plus mince engin,
Ma gorge s'enfle, elle est brûlante.
Une flamme encor plus ardente
Pétille au fond de mon vagin.
Oui, je le dis à la nature,
Si le pere éternel bandoit,
Assurément il souffriroit
De voir le tourment que j'endure.

# LA NOUVELLE CONFESSION

## DE LUCILE.

AIR : *Du confiteor.*

MON pere, je viens devant vous,
Disposée à la pénitence,
Me confesser à deux genoux,
Et réclamer votre indulgence. (*bis*)
On peut, je crois, (*bis*) à dix-huit ans
Expier ses égaremens. (*bis*)

On dit que le PERE ETERNEL
A tous vous donna carte blanche.
Pour vous l'église est un bordel,
( Pardon mon pere : je suis franche ) (*bis*)
Est un bordel (*bis*) vaste & sacré,
Où tout se passe à votre gré. (*bis*)

Ce que vous faites parmi nous,
Dans le ciel Dieu le ratifie ;
Lorsqu'il est prononcé par vous,
*Absolvo te* nous purifie : (*bis*)

Or, écoutez (*bis*) ce que j'ai fait,
Et pardonnez-moi, s'il vous plaît. (*bis*)

A huit ans un certain prurit
Me fit porter avec délice
Le doigt dans un certain réduit;
( C'étoit le trou par où je pisse. ) (*bis*)
Ce doigt, mon pere, (*bis*) étoit instruit,
Il y fit l'office d'un vit. (*bis*)

Jusqu'à dix ans, mon appétit
Se plut à ce tendre manege.
A dix ans papa me foutit;
Car à dix ans, par privilege, (*bis*)
J'avois un con, (*bis*) n'en doutez pas,
Propre aux plus vigoureux combats. (*bis*)

Cette épreuve me mit en goût.
Comme moi, vous savez, mon pere,
Que la premiere fois qu'on fout,
Plaît trop pour être la derniere. (*bis*)
Mon jeune frere, (*bis*) après papa,
Me donna donc ce plaisir là. (*bis*)

Un de mes oncles, fin grivois,
Oncle du côté de ma mere,

A son gré trouva mon minois ;
Le sein n'avoit que de quoi plaire. (*bis*)
Cet oncle, dis-je, (*bis*) un certain jour,
A foutu sa niece à son tour. (*bis*)

Le curé de notre pays
Dévotement me fit entendre
Que j'irois droit en paradis,
Si je voulois lui laisser prendre. (*bis*)
Le sacrifice, (*bis*) n'étoit rien
En raison du céleste bien. (*bis*)

Cent fois au moins dois-je en rougir !
Le pasteur, dans son presbytere,
Me fit goûter plus de plaisir
Que papa, mon oncle & mon frere. (*bis*)
C'est, disoit-il, (*bis*) en attendant
Que vous foute le Tout-Puissant. (*bis*)

Je me repentirai long-tems
D'avoir, à la fleur de mon âge,
Epuisé tous les jeunes gens
Et les vieillards de mon village. (*bis*)
Compterai-je (*bis*) encore les passans
Que j'ai mis sur les dents ? (*bis*)

Un maître-ès-arts prit l'an passé

Votre ſervante à ſon ſervice.
Mon cœur encore en eſt glacé,
Il me donna la chaude-piſſe. (*bis*)
Et je conçus (*bis*) dès ce moment
Le plus cruel reſſentiment. (*bis*)

Il avoit de grands écoliers
Qui tous pétilloient de s'inſtruire
Dans le plus charmant des métiers,
( Deſir que la nature inſpire. ) (*bis*)
Ils étoient trente, (*bis*) en moins d'un jour,
Je les inſtruiſis tour-à-tour. (*bis*)

Le réſultat fut douloureux :
On s'en plaignit au pédagogue.
Le courroux brilloit dans ſes yeux ;
Il enrageoit autant qu'un dogue. (*bis*)
Pour me ſouſtraire (*bis*) à ſes fureurs,
J'allai chercher un maître ailleurs. (*bis*)

Un grand ſeigneur bientôt s'offrit
A me prendre pour gouvernante.
Mon viſage le ſéduiſit,
Le deſtin trompa ſon attente. (*bis*)
Ah ! oui, mon pere, (*bis*) il fut trompé
Tout comme je l'avois été. (*bis*)

Mais avant qu'il s'en apperçût,
Tous ſes gens & ſon ſecrétaire,
Ayant atteint au même but,
Ont obtenu même ſalaire. (*bis*)
Moi, ſans trompette (*bis*) & ſans tambour,
Je m'éloignai de-leur ſéjour. (*bis*)

Mais, laſſe de tant de délits,
Je viens en humble pécheresse,
Vous offrir des attraits contrits,
Du mouvement, de la ſoupleſſe. (*bis*)
Si leur emploi (*bis*) vous flatte encor,
Dirai-je mon *confiteor* ? (*bis*)

---

# RÉPONSE

## ANTI-CONSTITUTIONNELLE

## DE L'ABBÉ M.....

AIR : *Chantez, dansez.*

MA chere enfant, nous n'avons plus
Aucune puissance sur terre.
Nous foutions pour des *oremus* ;
Notre foutre étoit salutaire.
L'argent & lui, des mots romains
Etoient des remedes divins.

Ce que nous faisions ici-bas,
On l'approuvoit dans l'empyrée ;
Les tems sont bien changés, hélas !
L'église n'est plus révérée.
Le Dieu qui nous servoit jadis,
Est un coïon en paradis.

S'il eût, du céleste foyer,
Braqué, fait tomber son tonnerre

Sur ceux qu'il vit nous dépouiller
De notre pouvoir arbitraire ,
Ma fille , aujourd'hui je pourrois
Servir votre ame & vos attraits.

Mais avec tous ces forcenés
Il a paru d'intelligence :
Il nous a tous abandonnés ;
La preuve en eſt dans ſon ſilence.
Lorſqu'on creuſoit notre tombeau ,
Le ſoleil même étoit plus beau.

Nous avons pourtant , malgré lui ,
Réſolu de tout entreprendre.
Dût le diable être notre appui ,
Oui , nous prétendons nous défendre.
Moines , abbés , prêtres , prélats ,
Aiſément ne s'enterrent pas.

Vous , par exemple , mon enfant ,
Que favoriſa la nature ,
Qui joignez au tempérament
La plus agréable figure ;
Vous ſeule en pouvez faire autant
Que le foudre du Tout-Puissant.

Le ſexe , au tems de nos aïeux ,

A conçu des projets ſublimes.
Le ſuccès le plus glorieux
Combla ſes efforts magnanimes.
Le ſexe eſt capable de tout ;
De tout, ma fille, il vient à bout.

Le Philiſtin, par Dalila,
Sur Samſon gagna la victoire.
Agnès Sorel, *& cœtera*. . . . .
On ne voit, en ouvrant l'hiſtoire,
Que femme de qui la valeur
A nous-mêmes feroit honneur.

Sans parler ici d'autrefois,
Vous les vîtes, bravant les armes,
Voler au ſéjour de nos rois,
Répandre le ſang, les alarmes,
Et traîner le pauvre Louis
Dans les murs affreux de Paris.

Parcourez diſtricts & cantons,
Séduiſez toute la roture ;
Que tous les bleus & les griſons, (1)

---

(1) Griſon eſt l'épithete ironique qu'adaptent les militaires patriotes à ceux qui ne sont pas revêtus de leur uniforme.

Et même leur race future,
Soient victimes de vos exploits;
Réduisez-les tous aux abois.

Faites passer dans tous leurs sens
Le virus du maître d'école;
Que ces intrus constituans
Périssent rongés de vérole.
Pourvoyez-vous sur les chemins
De chancres, poireaux & poulains.

IMMOLEZ à notre courroux
Jusques à ROYAL-PITUITE.
Ce n'est pas qu'un seul d'entre nous
Ne mette ces vieux fous en fuite;
Mais, sans égard à l'action,
Il faut punir l'intention.

Quand, sous vos efforts abattus,
Nous verrons ces vils démocrates,
Bavant, souffrant, n'en pouvant plus,
Et réduits à leurs dieux pénates;
SAINT-BARTHELEMI renaîtra,
Et par-tout leur sang coulera.

Jugez enfin de quel renom

Vous allez jouir dans nos fastes :
C'est une fille, dira-t-on,
Qui des deux ordres les plus chastes,
Ressuscita l'autorité.
Volez à l'immortalité.

Sans l'or que l'on vous donnera,
Retenez bien, charmante fille,
Que l'on vous canonisera,
Vous & toute votre famille ;
Et vous aurez, pour dernier prix,
Le meilleur gîte en paradis.

---

# LE PROVINCIAL A PARIS.

CERTAIN provincial, (j'en ris lorſque j'y penſe)
Chez des *Filles* eſt introduit.
Il les crut, à l'abord, des femmes d'importance :
Meuble élégant, parure, air d'opulence,
Bonne table & ce qui s'enſuit ;
Il obſervoit un modeſte ſilence.
On joue, il perd ; on ſoupe.... vers minuit,
Par une d'elles, ô ſurpriſe !
Près d'une porte il eſt conduit :
» Voudriez-vous, monſieur, dit-elle avec fran-
» chiſe,
» Paſſer dans la chambre où l'on fout ? «
Il répondit à la demande
Qui lui cauſoit un ſingulier dégoût :
» Menez-moi donc avant dans la chambre où
» l'on bande. «

# LE MARI

## ET LES DEUX CONFESSEURS.

PERE Félix, vous êtes mon réfuge ;
Ai-je péché ? Soyez mon juge :
Ma femme étant très-grosse, & craignant pour son fruit,
J'ai par derriere essayé le déduit.
--- Toujours où vous savez ? -- Sans doute.
--- Rien n'est mieux. --- Eh bien ! croiriez-vous
Que venant, par scrupule, à nommer cette route,
Pere Joseph s'est mis dans le plus grand courroux,
Qu'il m'a chassé, bref, qu'il me damne.
--- L'étourdi ! l'ignorant ! le sot !
Suivez-moi, je m'en vais lui parler comme il faut,
Et laver la tête à cet âne....
Les voilà devant lui : --- pourquoi troubler monsieur,
Quand le cas .... --- Le cas est infâme.
--- Mais point, vous êtes dans l'erreur.
Un mari peut bien voir sa femme....

--- La voir par-là ! Fi ! peut-on y penser ?
-- Ecoutez donc. -- Je fuis pour ne point vous
entendre ;
--- Allez, morveux, allez apprendre
A foutre avant de confesser.

# LES SAUCISSONS.

A son curé d'un saucisson
Villageoise plus que jolie
Vint faire honnêtement le don ;
Chez le pasteur étoit nombreuse compagnie.
Les hommes, la voyant, louerent sa beauté
Qui leur faisoit à tous envie,
Les femmes seulement son air de propreté.
Quelqu'un vanta sa générosité ;
Lors un plaisant dit avec ironie :
C'est un rendu pour un prêté.

## LES EXCELLENTES PARTIES.

DEVANT une dévote, & douce & charitable
Du pinceau le plus noir on peignoit un absent;
Souffrant d'entendre qu'on l'accable,
Elle prend la parole : » Il est bien indécent
» D'accréditer pareilles calomnies :
» Cet homme a, j'en réponds, d'excellentes
» parties. «

## LE CHAUFFAGE ÉCONOMIQUE.

PRÈS de ma gentille Nanon,
L'hiver jamais je ne grelotte;
Que le bois renchérisse ou non,
Moi, je m'en tiens au feu de motte.

## ORIGINE DU PROVERBE.

*Le jeu ne vaut pas la chandelle.*

ALIN, novice en l'amoureux mystere,
Un soir, dans un grenier, allant foutre Nanon,
Jeune & gentille chambriere,
Afin d'y mieux voir, ce dit-on,
S'étoit muni d'une lumiere.
Trop foible étoit le gars pour si bonne ouvriere,
Car au lieu d'avancer, il restoit en chemin,
Aussi d'un coup de cul déprisonnant l'engin,
» Au diable soit le sot, dit-elle !
» Le jeu ne vaut pas la chandelle. «

## TELLE DEMANDE, TELLE RÉPONSE.

Un fat, avec l'impertinence
Que l'on connoît à cette engeance,
Aborde une actrice, & lui dit :
Peut-on savoir, mademoiselle,
Qui vous fout ? monsieur, répond-elle
En le saluant, c'est un vit...

## LA JOLIE FEMME ET LE PEINTRE.

Pour faire mon portrait, demandoit une femme
Que me rendrez-vous, là ?... Montrez de la raison.
Le peintre la trouvant fort à son gré : madame,
--Dites : -- C'est au plus bas, je vous prendrai le con.

La Ressource du clergé

Il nous reste le Fondement
C'est ce qui me console

## LA RESSOURCE DU CLERGÉ.

AIR : *C'est ce qui me désole.*

MALGRÉ nos chiens & notre Dieu,
Nous n'avons plus ni feu ni lieu,
C'est ce qui nous désole ;
Mais, si nos ongles sont rognés,
Les nobles sont découillonnés,
C'est ce qui nous console.

Nous n'aurons plus de l'opéra
Femmes, filles, *& cœtera*,
C'est ce qui nous désole ;
Mais nous aurons encor le choix
Parmi les femmes du bourgeois,
C'est ce qui nous console.

Au surplus, si faute d'écus,
Tous nos soupirs sont superflus,
Faut-il qu'on se désole ?
Le con seul fait-il décharger ?
Non, le cul peut remplacer :
C'est ce qui nous console.

Lorſque l'on parle du clergé,
Et que l'on dit qu'il eſt raſé,
 C'eſt ce qui le déſole;
Mais, qu'on en gloſe impunément,
Il lui reſte le fondement:
 C'eſt ce qui le conſole.

# LE CORDELIER QUI FAIT FEU.

## CONTE.

UN Franciscain promettoit la douzaine,
On sent de quoi ; Marton va le chercher
Pour sa maîtresse, à qui si rare aubaine
Fait ouvrir l'œil ; lui de se dépêcher.
C'étoit le soir, on vouloit du mystere,
Près de madame, avec le seul flambeau
Que de Priape avoit reçu le pere,
Le voilà donc, trouvant, offrant du beau,
Et sans y voir, enfilant bien la route
Qui des humains adoucit les malheurs.
A ceux de l'ordre un tel travail ne coûte.
De l'éternel vivent les serviteurs !
La dame forte, & brave à la riposte,
Est pourtant lasse à la septieme poste :
»Pere, un moment «-- Pourquoi ? » Je suis à vous,
»Mais il me faut abandonner la place
»Pour un besoin qui me gêne & tracasse,
»Petit repos rend le plaisir plus doux. «
-- Je vous attends. . . Madame se dérobe :

Vîte de l'eau, cela me cuit, Marton.
Cinq fois encor ! Dans cette garde-robe
Je reste, toi, vas le rejoindre. -- Non-;
Vous vous plaignez, je crains même cuisson;
Nature est une, & la pauvre soubrette,
Comme la dame, en cet endroit, est faite.
--- Tu veux ma mort. --- Ce mot suffit, pardon!
Plutôt la mienne. En effet, Martin vole,
Soudain l'acteur, pour reprendre son rôle
Avec éclat touche... quel changement !
Marton n'avoit qu'un très-bon caractere,
Où ce tetton, sous la main si charmant,
Où cette cuisse, &.... tout ce qui peut plaire...
L'acteur trompé touche ici le contraire,
Veut s'éclaircir avant le dénouement,
Tire briquet & pierre, il frappe... à l'étincell
Marton s'enfuit, tremble, crie & chancelle :
Madame, il doit vous cuire, &, non pour peu
Je le crois bien ; ah ! le monstre ! il fait feu.

---

# L'HONNÉTETÉ.

DEux faquins, à tête légere,
L'un abbé, l'autre mousquetaire,
Rencontrerent en leur chemin
Le fameux docteur *Dumoulin*.
Pardonnez si l'on vous arrête,
Monsieur, dit le petit-collet,
En bref, voici notre requête :
Peut-on baiser à vit mollet ?
Lors, le docteur branlant la tête,
Cela se peut à la rigueur,
Lui répond-il d'un air mocqueur,
Mais bien bander est plus honnête.

## CALEMBOURG.

Par une *fille* sur sa porte
Je fus, un soir, raccroché de la sorte:
»Monsieur paroît bien occupé,
»J'aurois pourtant à lui remettre
»Une lettre. «
--- Oui, la lettre d'après le P.

## A UNE ROUSSE IMPERTINENTE,

### Fille d'un Relieur.

Vous avez beaucoup de fraîcheur,
La gorge belle, & la peau blanche,
Mais votre sourcil, par malheur,
Annonce un C.. doré sur tranche.

## SUR LE R. P. URBAIN,

### CARME D'UN GRAND MÉRITE.

QUEL appétit ! quelle éloquence !
Sous un froc c'eſt le Dieu du goût ;
O comme *Urbain* avec aiſance
Mange, boit, rime, prêche & fout !

## BOUTS-RIMÉS.

J'AIMEROIS mieux tailler un *roc*,
Filer, chaque jour, ma *quenouille*,
Et ſans ſoif avaler un *broc*,
Que de toucher bijou qui *mouille*.

## LA BÉNÉDICTION PATERNELLE.

AVANT d'entrer au lit de l'Hymenée,
La jeune Alix, bien apprise, bien née,
Bénédiction demanda,
A ses parens ne voulant passer outre.
Le pere sur sa fille une croix imposa,
Et lui dit : vas te faire foutre.

## PRIERE

### POUR LES FEMMES EN COUCHE.

CRIS ne font rien, quand on accouche,
Dites plutôt cette oraison :
»O mon Dieu, fermez-moi la bouche,
»Et m'ouvrez, s'il vous plaît, le C. . .

## DÉFINITION DE L'AMOUR.

NUL, comme il faut, ne définit l'amour ;
Pour l'embellir, on le déguiſe, on l'outre :
Moi qui l'éprouve, & qui ſuis ſans détour,
Je dis tout net : c'eſt le beſoin de f....

## L'ENNEMI DES DISPUTES.

SUR les divers appas de la blonde & la brune,
De diſputer que les hommes ſont fous !
Brune ou blonde me fait une égale fortune,
La plus aimable eſt celle que je fous.

## CONTRE LES DÉLICATS, (*

**Strophe *d'une Ode projettée & abandonnée.***

LE vit à tout con doit l'offrande,
La préférence est un abus,
Hélas ! malheur à qui ne bande
Que pour Hélene ou pour Vénus.
La beauté n'est qu'une foutaise,
C'est l'idole d'un bande-à-l'aise,
Un bon fouteur, à mon avis,
Jusques sur l'autel en doit prendre :
Ajax qui viola Cassandre,
Certes bandoit mieux que Pâris.

(*) Les délicats sont malheureux, rien n
sauroit les satisfaire.

LA FONTAINE.

# ÉLOGE DU CON,

*A un camarade du college.*

---

Mi, tu m'as donné les leçons du plaisir,
ne suis point ingrat, j'aime à m'en souvenir,
'est par toi que du con j'acquis la connoissance,
u con qui plus que moi révere la puissance ;
crains de l'affoiblir en l'osant célébrer,
t dans ce doux réduit je sais me concentrer.
n'en sors qu'avec peine ; aide ma voix tremblante ;
goûte le bonheur, rarement je le chante.
Merveille de la terre, ô délicieux con !
lon vit rompant son frein s'alonge à ce seul nom.
u vas être branlé.... déja le gueux décharge....
l ne débande point, revenons à la charge ;
olis, friands tettons, & toi cul bien tourné,
e vous tiens, je vous presse..... O ventre satiné !
e con, qu'il est vermeil ! il s'ouvre, je l'aspire,
e décalotte, j'entre, & je pousse, & j'expire...
e revois la clarté, malheureux ! qu'ai-je fait !

Hélas ! je n'ai d'un con foutu que le portrait,
Loin du calice, hélas ! s'échappe ma rosée,
Par ce combat trompeur ma force est épuisée,
Fléchissant, raccourci, mon priape aux abois
Epanche tristement ses pleurs entre mes doigts.

Eh bien, mon tendre ami, mon cher & savant maître,
Ton disciple, dis-moi, fût-il digne de l'être.

Poëtes, taisez-vous. Par ses charmes divers,
Le con sera toujours au dessus de vos vers,
Le myrthe, le laurier n'est pas ce qu'il demande,
Non, qu'un foutre éternel soit votre unique offrande,
Ou, si vous desirez le peindre dans son beau,
De ses poils réunis faites-vous un pinceau.

---

SUPPLEMENT

# SUPPLÉMENT
## *A l'éloge du C...*

Ur un vit comme il faut, qu'un con a de vertu
 Peut-il bander & paffer outre ?
'ignore, Dieu merci, le mal d'avoir foutu,
 Mais je connois le bien de foutre.
 C'étoit hier, c'eft aujourd'hui ;
Toujours je baiferai, je foutrai, pour mieux dire,
Je fuis né par le con, je périrai par lui,
 C'eft mon aiman que le con, il m'attire,
 Ma langue ( ineffable douceur ! )
D'un con frais, d'un con pur eft la feconde éponge :
Ainfi je le prépare, & lorfque je m'y plonge,
Les plus heureux du monde envieroient mon bonheur.

## ENCORE SUR LE C...

DANS cette grotte obfcure inceffamment s'allume
Un feu plus violent que celui de Vulcain ;
Et c'eft-là qu'en fecret fur une molle enclume
Les culs en bondiffant frappent le genre humain.

# L'ART DE FOUTRE.

FOUTRE est un art, on croit que ce n'est rien;
Chacun s'en mêle, & peu l'entendent bien.
Sans cesse, en conversant, revient cette matiere.
Parlons-en, mes amis; dès qu'on bande est-il bon,
De se fourrer promptement dans un con;
Et par un trop grand train d'abréger la carriere?
Je ne présume point que ce soit votre avis.
Allumons par degrés une durable flamme,
Distinguons-nous toujours du vulgaire des vits,
Quand nous touchons un corps, intéressons une ame.
Et la routine & l'uniformité
Déplaisent à la volupté.
Sommes-nous près du temple, arrêtons à la porte;
D'une pieuse main, que les roses, les lys,
Légérement tour-à-tour soient cueillis,
Et retardons l'entrée afin qu'elle transporte.

# INVITATION.

CEsse de me dire : alte-là !
Accorde, accorde-moi *cela !*
Sans *cela*, qu'eſt-ce que la vie ?
Faiſons *cela*, je t'en ſupplie !
A la ville, à la cour, au village, par-tout
*Cela* ſe fait, *cela*, d'amour eſt le ragoût ;
Il veut de ſon objet la pleine jouiſſance.
Qu'eſt-ce qu'un baiſer ſur la main,
Sur les yeux, ſur la bouche, & même ſur le ſein ?
C'eſt une goutte d'eau ſur un braſier immenſe.
Contemple un moment l'univers ;
On n'y fait que *cela* ſur terre & dans les airs.
Les poiſſons font *cela* dans l'onde,
Les tourterelles, les moineaux
Et les brebis & les chevreaux
Font & refont *cela*, tel eſt le train du monde.
Prétends-tu le contrarier ?
Attends-tu le VISA d'un prêtre & d'un notaire ?
Hélas ! c'eſt pour bientôt ne plus s'en ſoucier :
Qui le fait par amour voudroit toujours le faire.

*Cela*. . . *cela* procure un ſuprême plaiſir !...
En m'embraſſant tu me refuſes :
Cruelle ! ſans le tout les baiſers font ſouffrir...
Mais l'*honneur*, me dis-tu... ſur l'*honneur* tu t'abuſes,
En *cela* ne gît point le véritable *honneur*,
*Cela* fait bien à deux & n'offenſe perſonne.
Sois conſéquente ; j'ai ton *cœur*,
Avec le cœur cela ſe donne.

## AUX PETITS-MAITRES.

AIR : *Tu croyois, en aimant Colette.*

VOLTIGEURS, plus douillets que femmes,
Plus cardés, plus ſots que moutons,
Qu'allez-vous faire auprès des dames ?
La révérence... & nous foutons.

# DUO

*A mettre en musique.*

VIENS, belle brunette,
Viens sur mes genoux.
Sous ta collerette
Que vois-je ? -- Tout doux :
Tu n'y prends pas garde,
Maman nous regarde,
Arrête, Lubin.
--Ta mere ? où donc, menteuse ?
--Par la fenêtre. -- Oh ! que nennin ;
Tu fais exprès la peureuse.
--Tu me fais mal, haye ! ouf ! -- Paix, paix ;
c'est pour ton bien,
Autant que pour le mien.

Comme cette main frappe !...
La voilà prise.... Elle m'échappe
Ce que je tiens vaut mieux ;
Tetton délicieux !.....
Pince, mords, enfonce le coude,

Envain tu veux me refuser,
Jusqu'à cette levre qui boude
Je veux moi, je veux tout baiser.
-- Tu vas... casser... ma chaise.
-- Je n'entends rien, mauvaise.
-- Tu me fais mal, haye! ouf! Paix, paix, c'est pour ton bien,
Autant que pour le mien.
Baise, ma chere ame,
Baise à ton tour;
Que ton cœur s'enflamme,
Mourons d'amour.
-- Finirez-vous ce badinage?
-- Je suis tout à toi.
Laisse, laisse-moi....
-- Lubin, soyez sage....
Eh bien!... Eh bien!... je... n'en... puis plus,
Je succombe....
Efforts superflus!...
Je tombe...
Tu me fais mal, haye! ouf! -- Paix, paix, c'est pour ton bien,
Autant que pour le mien.
A bas mouchoir & cotte,
Desserre tes genoux, Manon,

Va , ne fais plus la sotte ,
Ton œil dit : *oui* , quand ta bouche dit : *non*.
Il faut que je suçotte ,
De ce tetton ,
Le vermeillet bouton :
Il faut que je tapotte ,
Pressotte ,
Branlotte ,
Frotte , frotte ,
Ce petit con ,
Dont voici le bouchon.
Et que de cette motte ,
Je peignotte ,
Je roulotte ,
La toison ,
Plus noire qu'un démon.
A bas mouchoir & cotte ,
Desserre tes genoux , Manon ,
Va , ne fais plus la sotte ;
Ton œil dit : *oui* , quand ta bouche dit : *non*.

## LE MENUET DE LA MARIÉE.

AIR : *Du menuet d'*Exaudet.

QUE mon vit
Se roidit !
Ma poulette,
Remarques-tu sa grosseur,
Ainsi que sa longueur,
A travers ma brayette ?
Mets ton doigt
Sur l'endroit :
Comme il bande !
Tu dois avoir un beau con,
C'est ce que le frippon
Demande.
De cette jambe à la cuisse,
Souffre que ma main se glisse....
Quel effet !
C'en est fait,
Je me pâme.
Hélas ! quand je le mettrai,
Sûrement je rendrai

Mon ame.
Je renais,
Que d'attraits
Je découvre !
Il n'eſt comme le tien,
Il faut de tout le mien,
Il faut que je le couvre.
Arrêtons !
Quels tettons !
Ah ! mignonne !...
Quel poil noir ! Quel ventre uni !
Quel cul !... Dieu ſoit béni,
J'enconne.

## L'UN PLUS DIFFICILE A PLACER QUE L'AUTRE.

Bien heureux qui commande à ce drôle immodeste,
Des plus fieres beautés infaillible vainqueur!
On sait où le mettre, & de reste,
On ne sait où loger son cœur.

## COMME ON VOUDRA.

COUPLET.

Air : *Du Barbier de Séville.*

Ou la tendresse, ou le desir m'enflamme;
Belles, je fous d'une & d'autre façon:
Avec mon vit, si je ne vois qu'un con,
Avec mon cœur, si je rencontre une ame.

# EPITAPHES.

## I.

CY gît un homme qui en mourant,
Mourut avec le vit bandant ;
Par-là passa un esprit fort
Qui le voyant dans cette posture,
Crut qu'il alloit foutre la mort.

## II.

Cy gît la putain de Sylvie,
Qui ayant foutu toute sa vie,
L'on trouva qu'après sa mort,
Elle étoit en posture pour contenter son sort.

## III.

Cy gît l'impudique Nanon,
Qui dans le ventre de sa mere
Se rangeoit si bien dans son con,
Qu'elle y foutoit avec son pere.

## IV.

Cy gît la constante Lisette,
Qui dans ses jeunes ans
Se fit donner sur l'herbette
Le pucelage de quatorze ans.

## POUR DEUX FILLES

*Qui firent coucher sous leur lit un garçon tout vêtu, & qui le prièrent de faire des vers sur ce sujet.*

COUCHÉ la nuit passée avec deux beaux objets,
J'ai par leur ordre exprès fait plusieurs entreprises,
Et j'ai tant pris de peine à diverses reprises,
Qu'à la fin par bonheur je les ai satisfaits.
Aussi pour contenter ces deux beautés exquises,
J'ai plus fait de travail que je n'en fis jamais :
Car malgré du sommeil les fréquentes surprises,
J'ai fait quatorze.... enfin, j'ai rempli leurs souhaits.
Je leur ai fait.... mais quoi, je vais être indiscret,
Elles m'ont défendu d'éventer ce secret,
Si je n'obéis pas, j'ai mon sac & mes quilles.
N'importe, il faut parler, c'est trop être en suspens.
Couché la nuit passée avec deux belles filles,
J'ai fait.... quatorze vers en une heure de tems.

ÉPIGRAMMES

# ÉPIGRAMMES
## DE MARTIAL.

I.

Trente culs sont à toi, mêlés d'autant de cons,
Tu n'as qu'un vit, que faire ? il dort sur ses
couillons.

I I.

Laide & vieille, tu veux que gratis on t'enconne :
Sotte prétention ! Veux-tu recevoir ? donne.

I I I.

Paul ne termine rien, & Paul commence tout,
Je ne crois pas que Paul acheve quand il fout.

I V.

Tant d'Eunuques ! Pourquoi ? c'est qu'elle craint
la sauce.
Elle veut qu'on la foute, & non pas qu'on
l'engrosse.

V.

Tu veux toujours que mon vit reste droit ;
Y penses-tu ? Le vit n'est pas un doigt.

# ÉPIGRAMMES

## D'AUTEURS INCERTAINS.

### I.

DOUCE est la tendre main qui caresse un menton,
Mais le V... quoique dur, est bien plus doux au C...

### II.

Du V... ah ! que le doigt n'a-t-il le sens flatteur !
Ou du doigt que le V.. n'a-t-il donc la vigueur !

### III.

Sur le masturbateur le C... n'a point de droit ;
Je fais, dit-il, un C.. plus serré de mes doigts.

### IV.

*Sur une figure de Priape.*

Me viens-tu regarder ? C'est du sang qui t'en coûte,
Cette image te dit : qu'on se branle ou qu'on foute.
Tes deux cuisses, deux grosses tours
Où pend un vilain cul, qui toujours flotte & tremble,
Qui sûrement a plus d'une aune,
Ton ventre, un long tablier jaune

Et ton con, non pas con, mais conaſſe reſſemble.
A la gueule d'un chien qui n'a bu de huit jours.

---

## IMITATION DE L'ODE D'HORACE :

## *IN ANUM LIBIDINOSAM.*

---

RETIRE-TOI, vieille ſorciere,
Que le diable t'acolle & te foute s'il peut !
Tu m'excites en vain, de toi rien ne m'émeut :
Tes pis de vache, ou tettons de tripiere,
Si j'oſois les toucher, me fondroient dans les doigts ;
Ton œil eſt une Ruche où la cire ſéjourne ;
Un four, voilà ta bouche, un tonnerre, ta voix.
De quel côté faut-il que je te tourne,
Pour que tu faſſe moins horreur ?
Voyant ton corps de terre cuite
D'où s'exhale ſans ceſſe une fétide odeur.
Les amours effrayés ſoudain prennent la fuite.
Tes jambes ſont deux pilliers monſtrueux,
Dignes ſoutiens de l'édifice affreux ;

# PARODIE

## *De l'Entrée d'OROSMANE dans ZAIRE.*

INNOCENTE Rosette, avant que l'hymenée
» Joigne à jamais nos cœurs à notre destinée, «
J'ai cru sur votre con, sur mon vit, tour-à-tour,
Devoir, en droit fouteur, vous parler sans détour,
Des bougres effrénés, dont la liste est très-ample,
Les exécrables mœurs ne sont point mon exemple.
Ils disent que le cul favorable au plaisir
Offre un champ plus étroit, & plus doux à saisir
Que du premier anus se formant une gaîne,
Les vits les plus fluets s'y trouvent à la gêne
Et qu'au sortir du con, un athlete éreinté
Se ranime à l'attrait de cette nouveauté ;
Mais, cristalline à part, sa suite est trop cruelle
On arrête, on enferme, ou l'on rôtit pour elle
De Loyola je sais qu'un tas de sectateurs,
De la fange des culs pourceaux inquisiteurs,
Faisant à leurs excès servir l'autel de trône,
Affecte du Ponant l'empire & la couronne :

Les monstres ! ils seroient, par un choix plus
heureux,
Maîtres du clitoris, » s'ils l'avoient été d'eux. «
M'enculer avant l'âge, étoit leur folle envie,
Pour éloigner de moi cette secte ennemie,
Le ciel vengeur arma mon pere d'un gourdin,
Mon oncle, après sa mort, leur frotta le grouin,
Et moi leur dévouant une haine éternelle,
Je marche au con d'un pas qui jamais ne chancelle.
Que dessous leurs bonnets, vers nos culs attirés,
Leurs yeux roulent sans fin, de luxure altérés;
Que la trompette encore, à l'égal du tonnerre,
De leur renom fameux étourdisse la terre,
Je n'irai point en proie à de sales amours,
Aux jeux du culetage immoler nos beaux jours.
J'atteste ce teton, & mon vit qu'il enflamme,
De ne pas prendre un poil du con d'une autre
femme,
De vous montrer l'amant, de vous cacher l'époux,
De ne verser enfin de foutre que pour vous.
Ne croyez pas, non plus, qu'à mes doigts je
confie
Les plaisirs réservés à ma femme chérie;

J'abhorre du poignet l'ufage injurieux
Qui détourne du con par un art odieux ;
Je veux, je veux vous foutre » autant que je vous aime,
» Ou me fier à vous, pour me branler vous-même.
» Après un tel aveu, vous connoiffez mon cœur,
» Vous fentez qu'en vous feule il a mis fon bon-» heur. «
Vous comprenez affez quelle affreufe amertume
Corromproit de mon vit la falutaire écume,
Si vous n'abandonniez à ce membre parfait
Qu'un immobile con, acteur froid & diftrait.
Je vous aime, Rofette, » & j'attends de votre » ame
» Un amour qui réponde à ma brûlante flamme. «
Mon indomptable vit ne fait rien qu'ardemment
Je me croirois foutu de foutre foiblement.
De plus d'une façon je fais foutre & refoutre,
Du palais de Vénus j'ai la maîtreffe poutre,
Si de la même foif votre con fe fent pris,
Je vous enconnerai, mais c'eft à ce feul prix ;
Et de ce tréfor vif l'enceinte favoureufe
Me foutra bien malheur, s'il ne vous rend fou-teufe.

# LE CON ET LE VIT,

## DIALOGUE.

LE CON.

DOUCEMENT, doucement.

LE VIT.

N'ayez point peur, je ne pose point à terre; je suis tout en l'air.

LE CON.

Bon. C'est que si ma maîtresse s'éveilloit, tout seroit perdu. La circonstance est favorable, elle a les cuisses écartées, la couverture est tombée dans la ruelle, je suis au bord du lit, le drap est relevé, la lampe est vis-à-vis de moi. Avancez.

LE VIT.

Me voilà.

LE CON.

Ciel!

LE VIT.

Ah! Dieux!

LE CON.

C'est donc là ce qu'on appelle un V...!

LE VIT.

Oui, cher petit Con d'amour.

LE CON.

Je mourois d'envie d'en voir un.

LE VIT.

Ce n'est rien de me voir : c'est tout de me sentir.

LE CON.

Comme vous remuez ! comme vous grandissez ! Que c'est drôle !

LE VIT. (*s'approchant*)

Si j'osois....

LE CON.

Ne me touchez pas.

LE VIT.

O nature !

LE CON.

Les grosses veines !

LE VIT.

Le joli poil !

LE CON.

Vous en avez aussi.

LE VIT.

Le dessus, le dessous, les environs... Il n'y a rien comme cela.

LE CON.

Vous en dites peut-être autant au premier de s semblables.

LE VIT.

Vous n'avez point de semblables; non, d'hon- ur.

LE CON.

*D'honneur !* Quoi, vous connoissez ce mons- ! Il me fait bougrement enrager, ainsi que ne sais quels autres foutus mots de *sagesse*, *voir* & *vertu*, que ma chienne de maîtresse a ujours à la bouche; viande creuse, dont je puis me repaître, moi.

LE VIT.

Que je vous aime de cette humeur! en par- nt votre langue & la mienne, vous me don- z une liberté qui m'enchante, car je ne suis, utre, que trop gêné de bander si roide & de pouvoir que vous regarder.... Gentil conaut! *xtase* & *décharge*, c'est en effet ce qui nous nvient, le reste nous est étranger... Tutoyons- ous, mon charmant petit abricot: loin de nous s complimens d'usage entre MM. *les Quarante*, otre société de *deux-à-deux* ne recherche,

ne savoure que le plaisir, & se fout de la cé
monie. Hélas ! quand Hortense cessera-t-e
d'être dupe ? Je m'apperçois heureuseme
qu'elle étend ses soins voluptueux jusqu'à t
Je te flaire avec transport, je deviens dur com
fer à l'odeur suave que tu exhales. Ecoute !
peux beaucoup sur cette ame rebelle : cha
fois que tu seras sur l'autel de la propreté,
trement le bidet, ouvre à l'éponge tes lev
vermeilles & sensibles, ainsi qu'au souffle ca
sant du zéphir s'épanouit une rose ; presse
amoureusement contre la main qui les baign
les essuie, tu communiqueras à tout son c
tes douces agitations, tu ébranleras ses se
tu y porteras tour-à-tour l'ivresse, l'égareme
l'incendie & le ravage. Il est essentiel de lui
velopper tous les miraculeux ressorts de ta
leste méchanique... Foutre ! entends-tu co
je te chante ! Je ne suis pas le Vit d'un
non, j'ai un feu extraordinaire, tel qu'u
goureux coursier, je bondis & j'écume e
présence.

LE CON.

Parle donc plus bas, ma maîtresse vien
soupirer.

LE VIT.

Je la ferois soupirer bien autrement de par
us les diables.

LE CON.

Ta vue & tes paroles me brûlent, me sechent.

LE VIT.

Attends, que je te rafraîchisse, que je t'hu-
ecte un peu.....

LE CON.

Ouf!... tu ne pourras jamais.... Haye!..
a! ah! ah! ouf!... arrête.... rien qu'à l'enée, je t'en prie..... là... ah!.. ah!...
omme un ange!

ENSEMBLE.

| LE CON. | LE VIT. |
|---|---|
| h!... ah!... ah!... ah!.. | Oh!... oh!... oh!... oh!.. |
| h!... ah!... délicieux! | Oh!... oh!.. ah! foutre! |
| h!... ah!... Je meurs! | Oh!... oh!... divin! |
| h!............. ah! | Ah!... ah!......... ah! |

E VIT. (*après une longue respiration de part & d'autre*)

h bien?

LE CON.

C'est ravissant!

LE CON.

Ce n'eſt pourtant qu'une ébauche de la jouiſſance.

LE CON.

Elle a fait impreſſion ſur ma maîtreſſe, qui vraiſemblablement la prendra pour un rêve ; & un rêve de cette ſorte conduit quelquefois à la réalité. Que ton maître continue ſes viſites, qu'il regle conſtamment ſes goûts ſur les ſiens, qu'il la ſollicite à propos, je me charge du reſte. Mais point d'infidélités.

LE VIT.

Que je perde mes couilles ( ce ſont ces boulettes que tu vois ) ſi dorenavant je vas & vien autre part que dans cette petite niche. Hortenſ a, dit-on, de l'eſprit, des graces, enfin toutes les pretintailles qui touchent un cœur ; Dorante n'eſt pas mal pourvu de ces jolies drogues à en juger par l'exercice qu'il me donnoit avan de le connoître : il a renoncé à toutes les femmes pour elle, s'il a le bonheur de triompher de celle-ci : tu ſentiras, pour parler comme lui quel charme le conſentement de la perſonn qu'on aime ajoute au plaiſir.

LE CON.

Je n'en aurois, toute ma vie, d'autres que celui que je viens de goûter, qu'il me suffiroit.

LE VIT.

Je ne dis point cela.

LE CON.

On s'agite, on se retourne, la pointe du jour paroît, retire-toi.

LE VIT.

Autant la mort. Je suis fâché à cette heure d'être venu.... Le beau petit portail...

LE CON.

Allons, va-t-en. Adieu, mon joujou.

LE VIT.

Adieu, ma motte.

LE CON.

Adieu, mon lingot.

LE VIT.

Adieu, ma toison.

LE CON.

Au revoir, mon grand coquin.

LE VIT.

Petit jean-foutre! Je t'avalerois si j'avois une bouche..... Adieu, mon rat.

LE CON.

Adieu, ma queue.

# FRAGMENT

*D'une lettre en prose & en vers, adressée à l'auteur.*

De V...... le 2 février 1787.

. . . . . . . . . . . . . . . .

. . . . . . . . . . . . . . . .

. . . . . . . . . . . . . . . .

. . . . . . . . . . . . . . . .

. . . . . . . . . . . . . . *Piron* a laissé à son *disciple* quelque chose de plus que son *manteau*. On vous saura gré, comme à lui, de vos versets & de vos hymnes ; ce ne seront pas, j'en conviens, les bégueules & les bigots qui vous applaudiront ; mais que vous importe cette classe d'êtres ? La crudité des expressions n'a rien de révoltant pour un lecteur raisonnable, quand il sent qu'elles ont échappé au poëte, comme le plomb chassé d'une carabine ; si elles se succedent ; si elles abondent, on n'a pas le tems de lui en vouloir, ce n'est plus l'homme qu'on entend, c'est la nature ; agité, tourmenté par elle, il en est l'organe ; il parle dit tout ce qu'elle lui inſpire. . . .

. . . . . . . . . . . . . . .

. . . . . . . . . . . . . . .

. . . . . . . . . . . . . . .

. . . . . . . . . . . . . . .

éfenſe à nos petits poëtes de ſe mettre ſur la ême ligne, quand ils diroient les plus jolies ıoſes ; cent roſſignols ne valent pas un moi-eau-franc. Vous, dont le ſtyle tient du ſalpêtre ui vous anime, gardez une place, où je vou-rois bien être.

Mon cher Priape, à vous toute la gloire,
Tout le profit. Coquin, vous me flattez,
Je vous rends grace, & je ne puis vous croire,
A vous le pas dans les ſociétés,
A vous le dé : vous ſubjuguez les femmes,
J'ai des deſirs & vous des facultés.
Comme de tous, nous différons de l'ame,
J'aſpire en vain à vos proſpérités,
Mes vers & moi nous ſommes peu fêtés ;
A vos plaiſirs je diſpoſe les dames ;
Je me connois, je vous juge. Ecoutez :
Je les chatouille, & vous, vous les foutez.

Mais, je dois, en bon chrétien, faire mon bonheur du bonheur des autres, & comme ami, vous ſouhaiter en particulier un plaiſir inextin-guible.

Entrez , ſortez , rentrez , reſtez ,
Allez rompant les dures trames
Des rebelles virginités.
Soyez l'amant de cent beautés ,
Et dans leurs yeux voyez leurs ames
Vous mettre au rang des déités.....
Foudres dévorans , éclatez !
Fleuve , embraſez dans votre courſe
Et les canaux d'où vous partez ,
Et ceux dont vous cherchez la ſource.
Qu'à mon ami les voluptés
Tiennent toujours lieu d'or en bourſe ;
Je ne l'ai pas cette reſſource ,
Et mille écus me ſont ôtés.

Otés par an ! . . . . . . . . . . .
. . . . . . . . . . . . . . . . . . .
. . . . . . . . . . . Mais je ſuis prêt à tou
comme diſoit le pieux Enée :

*Non ulla laborum*
. . . . *nova mi facies inopina ve ſurgi*
*Omnia præcepi atque animo mecum ante pere*
. . . . . . . . . . . . . . . . . . .
. . . . . . . . . &c.

X.. F.. L.. G...

# RÉPONSE DE L'AUTEUR.

De P.... le 7 février 1787.

QUELLE idée vous êtes-vous formée de moi, mon ami?.... C'eſt ma faute ; je vous ai récité quelques-unes de mes vieilles folies, & vous m'avez cru toujours fou. A vous entendre, frere *Oignon*, pere *Andouillard*, ne feroient œuvre vis-à-vis de moi. Il s'en faut que je mérite & même que je veuille mériter cette réputation. L'homme qui ne ſauroit lire *Richardſon*, ou *J. J. Rouſſeau*, ſans être attendri juſqu'aux larmes, n'a garde d'affoiblir ſes jouiſſances en les diviſant. La nature, je l'avoue, m'a gratifié d'un *tempérament* aſſez bon, mais en même tems, elle m'a doué d'une ame trop délicate pour ne pas me laiſſer guider plutôt par le *ſentiment ;* auſſi en fait de *mœurs*, je ne redoute point que perſonne m'efface.

Rien de plus ingénieux, de plus fort & de plus concluant que l'article de votre lettre où vous prenez la défenſe du genre libre dans lequel je me ſuis exercé, à l'imitation de ces peintres qui se délassent d'ouvrages sérieux par des *caricatures*. Votre comparaison du style poétique avec *le plomb chassé d'une carabine* vous feroit seule proclamer poëte, & les vers qui coupent votre prose confirment ce *jugement* ; permettez-moi de rectifier le *vôtre* à mon égard.

Je ne *subjugue* point les *femmes*,
Les *vierges* encor moins, c'est le fruit défendu.
Je fuis l'intrigue, & j'abhorre ses trames,
Mon cœur au pur amour de tout tems s'est rendu.
Quand Vénus daigne me sourire,
Des fleurs & de l'encens les parfums les plus doux,
Sont mis aux pieds de l'autel qui m'attire ;
Là, forcé par mes sens.... je fous,
Mais, tant je crains d'offenser ce que j'aime,
Mon cœur, en jouissant, se le cache à lui-même.

Honneur à *Piron* dont vous me parlez : malgré sa fameuse *Ode*, il fut plus décent que beaucoup de ceux qui la lui reprochent encore. C'est lui dont la verve tient du *salpêtre* ; moi, je dis avec son *Métromane*,

« La sensibilité fait tout notre génie. »

La nouvelle de vos *mille écus retranchés par an* m'afflige ; mais je vous félicite du courage avec lequel vous supportez cette perte. En effet, les doléances ne changeroient rien : il ne s'agit que de prendre le compas de la modération, de faire le cercle plus petit, & de n'en point sortir. Adieu ; santé ferme, joie constante & amitié, s'il se peut, égale à la mienne.

********

# VOILA LA CLEF...

## MAIS IL A TROUVÉ LA SERRURE.

### *Historiette.*

BLAISE, amant favorisé de la jeune Isabelle, lui demande un rendez-vous nocturne. L'embarras d'une réponse positive, la timidité d'accorder une chose où il y a tant de danger à courir, ajoutent encore aux charmes de sa figure ; une rougeur enfantine pare son front des roses de la candeur : elle hésite, dans la crainte d'être surprise avec son amant, mais l'amour l'emporte sur la prévoyance, elle oublie tout, pour ne songer qu'au plaisir d'une entrevue, qui doit satisfaire à la fois, & sa vanité & son cœur.

Blaise obtient le rendez-vous, après lequel il attend depuis si long-tems, & l'amante & l'amant déliberent sur les moyens de se mettre à l'abri de la surveillance paternelle.

L'heure est fixée, le lieu est désigné, on aspire après le moment de la jouissance : il arrive enfin ce moment tant desiré. Blaise exact sa parole, pénetre sans bruit l'appartement de l'aimable enfant qui doit être la récompense de sa fidélité.

Isabelle l'apperçoit, veut sauter à bas de son lit, pour lui ôter les moyens de profiter de sa situation, en lui en fournissant de nouveaux : il arrive assez tôt pour l'en empêcher, elle veut repousser une main fourvoyée, en présentant le bras le plus séduisant. Son esprit n'est pas assez maître de son cœur, pour réprimer les licences de son amant, sa modestie combat foiblement son amour ; sa vertu effrayée du risque qu'elle court, & prête à succomber par la crainte qu'elle a de succomber, elle devient foible, son amant entreprenant ; Isabelle est sans secours, Blaise a la force en partage : il profite de l'ascendant qu'il a sur elle pour lui montrer sa foiblesse : la crainte se mêle au sentiment de la volupté ; la beauté qu'on intimide n'a qu'un pas à faire pour se rendre, & le premier pas qui conduit au plaisir est bientôt suivi d'un second qui mene au bonheur.

Blaise est heureux ; les dieux vont jalouser son sort, il égale celui de la divinité ; l'amour le couvre de fleurs, & le plaisir tient la corbeille : il touche à ce moment qui précede celui de la jouiſſance ; il eſt heureux, parce qu'il n'a pas fait d'efforts pour le devenir. Mais il eſt un terme à la volupté, comme il en eſt un aux douleurs !

Blaiſe fatigué du poids de ſa félicité s'endort au ſein des plaiſirs. La nature n'eſt pas infaillible, elle eſt chez tous les hommes bien au-deſſous des deſirs ; mais l'art vient à l'appui de ſa foibleſſe ; Blaiſe a beſoin d'un expédient qui laiſſe jouir ſon amante de la douce illuſion des ſens ; il emploie ce merveilleux ſecret, & prolonge ainſi, par un ſtratagême innocent, la douce erreur d'une ſenſation délicieuſe : Iſabelle ferme ſes beaux yeux, & ſe prête autant qu'il eſt poſſible à la douceur d'un ſonge qui reſſemble tant à la réalité ; & cherchant à ſe tromper ſoi-même, parvient à faire croire à ſon amant, qu'elle n'eſt pas inſtruite de la ruſe.

Philémon éveillé par un léger bruit, vient avec Beaucis ſon épouſe à l'appartement de leur fille, il voit la porte entr'ouverte, & témoignant ſa ſurpriſe, Beaucis croit le raſſurer en lui montrant la clef. --- Vous avez la clef, lui dit-il, mais il a trouvé la ſerrure.

# LA DOCTRINE AMOUREUSE,

*ù sont enseignés les principaux mysteres de l'amour, & le devoir d'un véritable amant.*

## CHAPITRE PREMIER.

*Demande.* ETES-VOUS amant?

R. Oui, par la grace du Dieu d'amour.

D. Qu'est-ce qu'un amant?

R. C'est une personne qui, ayant fait une sincere & véritable déclaration, cherche les moyens d'être aimée de l'objet qu'elle aime.

## CHAPITRE II.

D. Quels sont les signes d'un amant?

R. C'est l'assiduité, la complaisance, la sincérité, l'exactitude, & le billet tendre.

D. Qu'eſt-ce que l'aſſiduité ?

R. C'eſt une recherche exacte des moyens de voir & d'entretenir ſa maîtreſſe.

D. Qu'eſt-ce que la complaiſance ?

R. C'eſt un accommodement de notre volonté à celle que nous aimons.

D. Qu'eſt-ce que la ſincérité ?

R. C'eſt une très-grande conformité entre ce que nous voulons exécuter.

D. Qu'entendez-vous par ce mot exécuter ?

R. J'entends parler d'une diligence perpétuelle à faire ce que nous avons promis à l'objet que nous aimons & à rechercher l'occaſion de lui témoigner notre inclination & zele.

D. Qu'entendez-vous par le billet tendre ?

R. Un petit compliment par écrit que nous envoyons à nos maîtreſſes, quand nous ne pouvons pas trouver l'occaſion de les entretenir.

D. Quand le faut-il faire ?

R. Le matin quand on ſe leve, le ſoir quand on ſe couche, quand on entre dans ſon cabinet, & quand on ſe trouve preſſé de quelque jalouſie.

D. Les amans n'ont-ils pas d'autre ſigne de fidélité ?

R. Oui, ils en ont encore une infinité d'autres, comme le chagrin, l'inquiétude, le déſeſpoir, le changement de couleur, la dépenſe exceſſive, & les regards ardens.

D. Toutes ces marques ſont-elles néceſſaires pour paroître véritable amant?

R. Non, il n'y a que les cinq premieres dont nous avons demandé l'explication qui ſont de la derniere importance, la plupart de ces autres ſont plutôt marques de folie que d'inclination.

## CHAPITRE III.

D. A quelle fin eſt fait l'amant?

R. C'eſt pour connoître un objet, l'aimer & le ſervir.

D. Combien de choſes ſont néceſſaires à un amant pour parvenir à la fin d'être aimé?

R. Une ſeulement.

D. Quelle eſt-elle?

R. C'eſt l'amour.

D. Qu'eſt-ce que l'amour?

R. C'eſt un objet dont la violence forme une tendreſſe ſenſible ſur la partie la plus tendre & la plus ſympatiſante.

D. Combien y a-t-il de commandemens d'amour?

R. Il y en a huit.

D. Dites-les donc.

R. 1. Un ſeul objet honoreras, & aimeras parfaitement. 2. Pour cet objet tu périras, & mouras généreuſement. 3. Jamais ne lui refuſeras ce qu'il voudra violemment. 4. A lui faire, tu ſongeras, mille plaiſirs inceſſamment. 5. Infidélité tu ne feras, ni de corps ni de conſentement. 6. Œuvre de chair ne deſireras qu'avec cet objet ſeulement. 7. Indiſcret tu ne feras après le divertiſſement. 8. L'inconſtance tu fuiras, afin d'être aimé longuement.

## CHAPITRE IV.

D. Quelle priere devons-nous faire au Dieu d'amour, & comment le devons-nous prier?

R. Nous devons être en poſture de ſuppliant plutôt de cœur que de bouche, & le prier ainſi.

## PRIERE A L'AMOUR.

AMOUR qui êtes dans le cœur raiſonnable, ton nom ſoit reſpecté, ta volonté ſoit parfaite, tes faveurs nous aviennent, aux champs comme la ville. Donnez-nous aujourd'hui les cœurs que nous demandons, pardonnez-nous nos impuissances, comme nous pardonnons les peines à celles qui nous les causent ; & ne souffrez pas qu'on nous induise en jalousie ; mais délivreznous de tous rivaux. Ainsi soit-il.

D. Sont-ce là toutes les prieres d'un véritable amant ?

R. Non, car il y a encore le symbole d'un véritable amant, qui est conçu en ces termes.

Je crois au dieu d'amour le maître tout-puissant, qui fait tous les délices de la terre, & la personne que j'aime le plus, parce qu'elle est la plus aimable, à laquelle je pense incessamment, & pour laquelle je sacrifierois volontiers mon honneur & ma vie ; je crois aussi qu'elle souffre quand elle ne me voit pas, & qu'elle mourra plutôt que de changer. Ainsi soit-il.

## CHAPITRE V.

D. A quel âge peut-on commencer à faire l'amour ?

R. Les garçons à 14, & les filles à 12 ans, selon que l'on est avancé pour son âge.

D. Comment faut-il qu'un amant se comporte quand il commence à faire l'amour ?

R. Il faut premiérement qu'il sache ce que doit faire un véritable amant, qui n'ignore pas la différence qu'il y a entre les cérémonies des grands & des petits.

D. En quelle disposition doit-il être pour faire l'amour ?

R. Il faut qu'il soit propre suivant la condition respective, & sur toutes choses prespicatif, tant par ses yeux, que par ses discours.

## CHAPITRE VI.

D. Combien y a-t-il de béatitudes de l'amour ?

R. Il y en a sept.

D. Dis-les-moi.

R. 1. Bien heureux sont les amans qui aiment véritablement, car les plaisirs de l'amour ne sont pas sensibles à ceux qui n'en sont que médiocrement touchés. 2. Bien heureux sont les amans sains & vigoureux ; car ils sont aimés long-tems & sont les plus considérés. 3. Bien heureux sont les amans qui aiment véritablement à rire ; car il y a du sujet de s'affliger en l'amour sans y joindre le tempéra ment 4. Bien heureux ſont les amans qui ont de l'eſprit ; car ils goûtent des plaiſirs que les niais ne reſſentent pas. 5. Bien heureux ſont les amans qui ont de la patience ; car il eſt très-difficile de trouver une maîtreſſe qui accorde au premier moment ce qu'un amant deſire. 6. Bien heureux ſont les amans riches ; car l'amour aime la dépenſe. 7. Bien heureux ſont les amans ſans rivaux ; car ils poſſedent ſeuls les bonnes graces de leurs maîtreſſes.

## CHAPITRE VII.

D. Combien y a-t-il de péchés contre l'amour ?

R. Il y en a ſept, ſavoir. 1. L'avarice. 2. La froidure. 3. La diſſimulation. 4. L'impuiſſance. 5. La coquetterie. 6. L'infidélité. 7. L'indiſcrétion.

D. Quelles ſont les vertus contraires à ces 7 péchés ?

R. 1. La libéralité. 2. La tendreſſe. 3. Le ſecret. 4. La puiſſance. 5. La vigueur. 6. La ſincérité. 7. La conſtance.

---

# ORAISON

*Utile & nécessaire à une fille qui desire d'être pourvue comme il faut du saint sacrement de mariage.*

MON Dieu qui avez créé le genre humain pour bénir votre nom adorable, & qui lui avez donné par la source féconde du sacrement de mariage une voie légitime pour éteindre le feu de la concupiscence, & en même tems multiplier, je vous adresse mes vœux du plus profond de mon cœur, afin qu'il vous plaise me remplir d'une vertu vivifiante qui me rende capable de produire un fruit de l'union conjugale, & me donner un époux qui ait toutes les qualités nécessaires pour s'acquitter dignement des vœux du mariage ; vous promettant que je ne lui refuserai jamais le devoir quand il voudra procéder à la principale action du sacrement, afin que nous puissions mettre au monde de petites créatures qui vous louent incessamment ici-bas, & ensuite dans le ciel bienheureux : c'est, ô mon Dieu ! ce que je vous demande de toute mon ame avec les dernieres inſtances, regardez donc en pitié votre très-humble ſervante.

Ne permettez pas qu'elle demeure plus long-tems ſur la terre comme un arbre ſec & ſtérile ; & faites, s'il vous plaît, pleuvoir dans ces champs une roſée douce & agréable qui faſſe naître de bonnes plantes pour l'éternité. Ainſi ſoit-il.

## AUTRE ORAISON.

Seigneur, puiſque le mariage a été fait au ciel avant que d'être accompli ſur la terre, faites que le mien ſoit déja célébré dès le jour des bienheureux ; vous en ſavez la conſéquence, ſeigneur, & le pur danger auquel je ſuis expoſée m'oblige à vous demander un bon mari qui ait bien tous ſes outils avec qui je puiſſe vous ſervir en paix & en joie toute ma vie, pour recevoir une récompenſe après ma mort. Ainſi ſoit-il.

---

## *Les litanies que doivent dire les jeunes filles tous les matins à jeun, & bien dévotement, pour avoir un bon mari bien promptement.*

SAINTE marie, je veux qu'on me marie,
Saint Joſeph, que vous ai-je fait ?

Sainte Anne, perſonne ne me demande.
Saint Eloi, ayez pitié de moi.
Saint Nicolas, ne m'oubliez pas.
Saint Emeri, que j'aie un bon mari.
Saint Jacques, qu'il ſoit de bonne pâte.
Sainte Apolline, qu'il ſoit de bonne mine.
Saint Bruno, qu'il ſoit joli & beau.
Saint Honoré, qu'il ſoit à mon gré.
Saint Hilaire, qu'il ſoit débonnaire.
Saint Marcou, qu'il ne ſoit pas jaloux.
Saint Grégoire, qu'il n'aime point à boire.
Sainte Thérefe, qu'il me mette à mon aiſe.
Sainte Hélene, que je n'aie point de peine.
Sainte Jeanne, que je puiſſe bien ouvrir les jambes.
Saint Laurent, quand il en ſera tems.
Saint Vincent, que ce ſoit promptement.
Saint Séverin, que j'en ai grand beſoin.
Saint Médard, qu'il ne vienne pas trop tard.
Saint Auguſtin, que ce ſoit demain matin.
Saint Blaiſe, que je le faſſe à mon aiſe.
Saint Goguelu, qu'il vous faſſe le nez comme j'ai le cu.

# EPILOGUE.

ADIEU, *lecteurs*, adieu, *lectrices*,
(Car, peut-être en aurai-je aussi.)
Qu'à vos desirs *Amour* & *Vénus* soient propice,
Du seul *plaisir* éprouvez le souci.
Que l'affligeant *remords* de vos libres caresses
N'empoisonne jamais les franches voluptés :
Foutez-vous des *Catons*, foutez-vous des *Lucreces*,
Mais que l'*ordre* & l'*honneur* par vous soient respectés.

# TABLE

*Des pieces contenues dans cet ouvrage.*

Fin de la Table.

## AVIS AU RELIEUR

*Pour placer les Figures.*

---

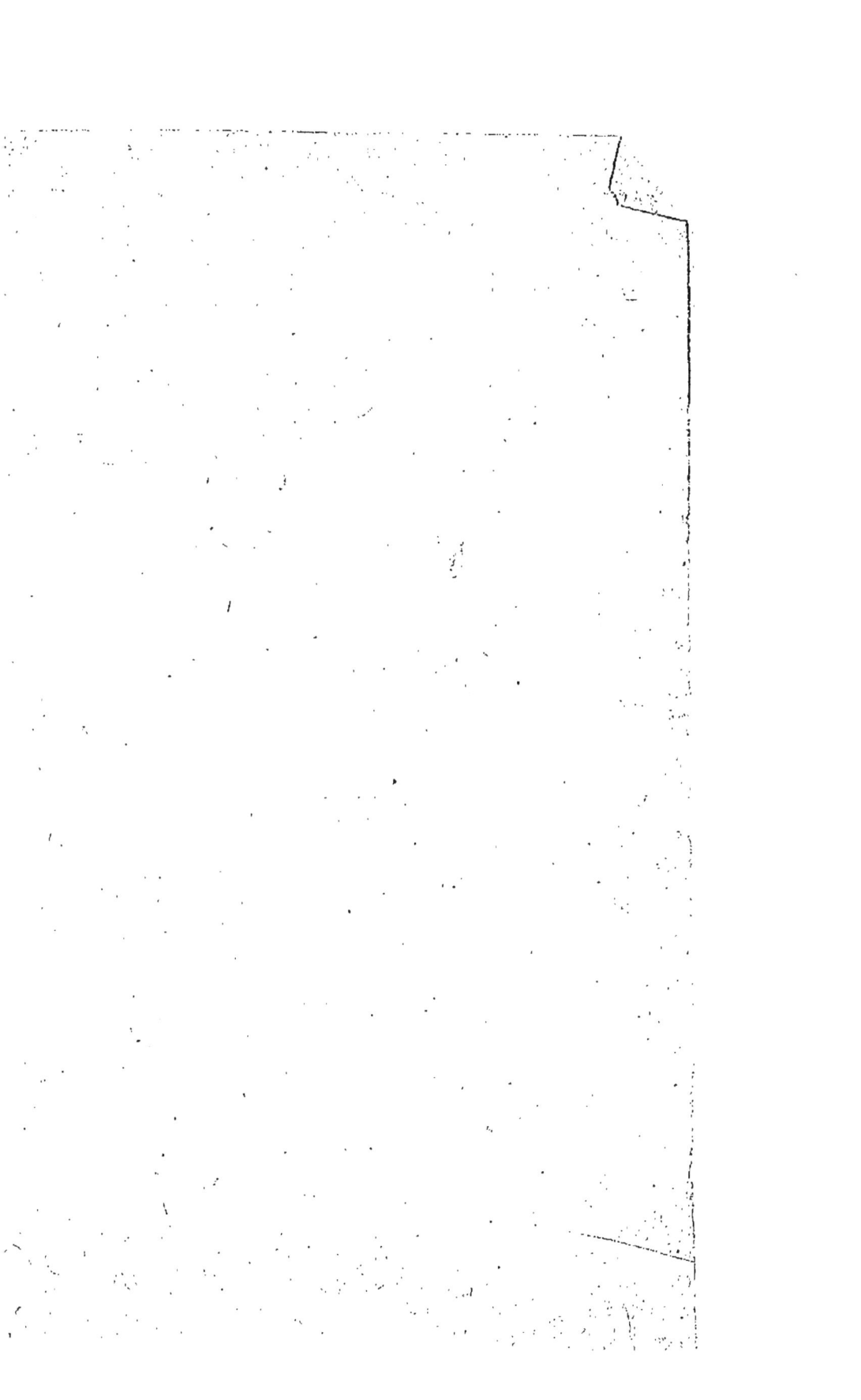

www.ingramcontent.com/pod-product-compliance
Lightning Source LLC
Chambersburg PA
CBHW052120090426
42741CB00009B/1894

* 9 7 8 2 0 1 2 5 4 3 6 6 9 *